Poesía Bohemia

C.J Gallegos

© NOMBRE DEL AUTOR: C.J Gallegos
TÍTULO DEL LIBRO: Poesía Bohemia

Prologo

La poesía es parte de la cultura y de nuestras vidas, en una escala de valor la poesía representa una valiosa muestra de cariño por todo lo que existe, es un deseo fugaz de entender lo que aún no existe es locura arte pasión y vida, es la verdad contada a través de hermosas palabras que van formando todo lo real y duradero, a veces también es necesario remitirse a nuestra conciencia y al amor como parte de una temática de vida, después de todo somos en existencia más que en otra cosa pues los recuerdos distan mucho de la experiencia, así que además de escribir para dar a conocer mi poesía lo hago con el gusto de seguir haciendo lo que más me gusta que es siempre querer saber más, esto es algo que me mueve me transmite conocimiento a veces de formas que no se pueden medir paso de no dormir cuando algo ronda mi cabeza y en el corazón deseo un amor tan grande en el mundo como la calidad de las personas que me rodean, sé que no es fácil en un entorno como el que vivimos por eso debo decir que hago lo mejor que puedo, es agradable ver como todo se combina y espero que puedan conmover a algunos corazones mis poemas, presumo de ser afortunado de esta vida y aun mas de llegar a muchas personas, sin duda espero que puedan tener una parte de mí siempre en ustedes y que pueda influir de forma positiva en la vida de las personas, debo decir que la poesía está dentro de todos y es parte de una experiencia que todos debemos experimentar en algún momento, no es sencillo no ceder ante las pasiones pero eso es lo que me permite destacar mi obra como una parte importante desde ahora de usted que es mi público y mi lector.

Tienes en mí

5

Tu talento me cautiva sin saber

Si viene de tu aroma o de tu ternura

Dulces labios en días que parecen desaparecer

Duele la distancia duele en el tiempo

Pasan los días y empiezo a soñar despierto

Con el día en que recupere la cordura

Sin este amor que me aturde

Como la distancia entre los ríos

Que navegan en el espacio de tus palabras

Paciente sin saber más de lo que debo

Solo sé que te amo y que quiero saber más

Solo sé que te amare aun que

Tenga que pensar más allá de las horas

Y vivir más allá de la tierra hábito

Para portar un corazón digno

Para amarte y te amo más nunca

Te olvido porque en este día eres

Lo que son el resto de los demás días

La persona a la que amo.

Persistente te amo

No importa cuán lejos sea que difícil sea

Cuanto piense en ti solo pasan

Los días en tanto estamos en este mundo

Que rivaliza con nuestra meta

Siento el universo tejer su voluntad

Resignado de pues no estaré hoy a tu lado

Escucho música que arranca sonrisas

Duermo en cobijas que lastiman mi cuerpo

Reposo en un ambiente de locura

En caminos vacíos que llevan a ti

Despacio viendo el atardecer

A veces las nubes

Desde que estas a mi lado eres mi estrella

Mi principio y pienso en todo

Y todo me alcanza espero saber

Que todo estará mejor

Cuando estemos juntos cuando

El amor sea solo el amor

Es difícil verdad

Todo lo que se oculta en la sobra

Luce como la luz en la noche fría

En el viento se escucha un rumor

De un par de enamorados que no dejan

Morir su fuego es su corazón

En el arde todo lo que existe

Sin más espacio para la duda

Sereno acostumbrado a la soledad

Pero no esta vez es difícil amar

Pasar de las lágrimas a la risa en un segundo

Mi corazón es tuyo tu alimentas

El fuego con tu sonrisa con tu amor

Lamento todo lo que no existe y existo para ti

Lamento el pasado pensando en conocerte

Conozco el futuro como cabellos

De incorpórea magnitud pues el refugio

De mis pasos guardan reposo en tu

Amar sin ti me perdería sin ti esto no seria

Gracias hoy y siempre por todo

Te amo te amo el cielo lo sabe el amor es para ti te amo

Cuando llueva

Pueden pasar los días sin tierra

Puede pasar el hombre por esta vida

Sin más que solo errores

Cuando atardece renuncia el sol

Y la lluvia a veces imagina los deseos

Corre como el frio viento

Justo después se levantan las pasiones

Como la noche brota sin más

Que la melancolía que corre por el jardín

En donde se puede ver el cielo

Que después de todo pertenece

A los hombres y a las mujeres

Es muy humano amar pero

El amor que siento es animal y como una bestia

Escalo todos los días

A tu encuentro sea en donde sea

Solo que debes ser feliz sin más

Debes amar sin pensar

Entiendo lo que somos

Y tengo tanto que no sentía algo

Gracias por todo en tanto recuerdo

Las marcas del silencio que callo

Incluso dios lo sabe ayuna el corazón para tener

Más que solo distancias, ayuna el alma

Para reparar los errores fruto de las tristezas

Andando por este mundo todos humanos sin más

Tiempo que el que nos produzca algo

Sentir está de moda amarte es mi vida

Y aun que no exista nada seré feliz

Y aun que pasen días y no sepa como

Cuidar lo que es será lo que dios quiera

Si espero más podría llover

El dolor llueve en forma de lágrimas

Y cuando esperamos la verdad

Solo caen mentiras y cuando logramos algo

Lejos estaremos de ello

Así alcanzo con este amor

A decirte eres mi canción

Y en tanto tenga amor será

La primavera cada día a tu lado.

Entre cada nota

Cosas importantes

Terminan en el olvido

Las distancias terminan en unión

No siempre pasa, pero ocurre

Que el tiempo nos lleva de la mano

Así como este contagio de amor

Que no rodea te amo en vida

Te amo con la firmeza de los arboles

Te extraño y dios lo sabe

Te amo en cada canción

En cada catedral

En cada país en cada ciudad

Lo que espero

En cada paso por muy

Lejano que parezca solo

Va un poco delante de mis ideas

Beso el arcoíris las

Y las paredes se pintan

Con el musgo y otras locuras

Lo elemental cuando decido ver

Pasar la vida entre lluvia y cantos

Ver las nubes dejar pasar las estrellas

Nace desde hace mucho la noche

En verano con el calor

Se antoja tenerte cerca muy cerca

Aun no llega el verano ni la primavera

Llegan los trazos de un mundo

Tan perfecto como sabio y abundante

Trabajo bajo las sombras de los arboles

Pensando en donde van a parar

Todas esas hojas donde terminan

Los ríos en si terminan realmente

Las palabras de amor este mundo

Es amor viviré para el amor

Existen más palabras de amor

En el mundo que dinero

No todos lo saben

Las preguntas esperan una respuesta

El decir puedo no es lo mismo que hacerlo

No sé lo que quieren las aves

Dando canciones todos los días

No se tanto como pudiera

Porque no necesito mucho

Solo libros y amor ser yo mismo

Es a veces mi oficio me delito

Con la sinfonía cósmica que trae

A mí las estrellas

Algunas vienen del pasado

Otras de la nada en eso

Me instruyo en no saber nada

Perdido de imaginar todo

Perdido por ver amanecer

Cansado de cada una de las

Puertas que pasan, aun así

No todos los saben soy

Poeta me gusta amar por amor

Y saber que puedo vivir un día

Más para alegrar la vida de alguien más

Saber más es mi vida no todos lo saben

Cuando pasan los años

24

A veces se mencionan historias de gente

Grande que pasa sus años

Luchando contra lo inevitable

Es indebido ser como ellos

Y se debe de ser como ellos

Es una cosa que pasa por ser

Parte de un mundo hermoso

Que sonríe a quien esté dispuesto

A escuchar es mejor mencionar

Que existe más belleza en las risas

De los niños que en todo el dinero

Ni amor ni odio más días

Con sol y menos sangra en las calles

Eso es lo que dice todos los días el corazón

Arrullado entre sombras y escombros

Escondido entre pensamientos que abandonan

La razón después de un tiempo solo

Queda el amor relegado a las mentiras

A la miseria al olvido a la manipulación

Están tan cerca del olvido los años

Por qué solo se puede vivir en razón

Que por poco se convierte en estupidez

Es lo único que queda cuando piensas

En el dolor que pasan las familias que no tienen

Dinero en la avaricia del ser humano

Que pasa a ser parte de un sinfín de mentiras

Su vida se convierte en mentira y por eso

Piensa que todo le pertenece

Y más aún quiere mas no puede

Vivir con lo que tiene por que lo que

Tiene le infladas las venas y le come

La piel por dentro

Saber de religión

y no saben de ellos

Mismos así la música los colores y la

Verdad se escapan día a día en las

Partes que olvidan y en las que no quieren

Aceptar porque este mundo es solo un día

Que no se vivió por completo es todo lo que pasa

Al dejar todo atrás comienza de nuevo

Tal vez un día la nieve no sea

Más que nieve y el frio

Desaparezca, así como la profunda

Forma de no ser más que la mita

Con eso se conforma la gente así viven

Lástima pues la muerte no parece tan mala

Aunque no juzgo, en el corazón

Los días avanzan mientras las lágrimas caen como

Roedores por la razón más triste siempre

Libertad

El amor es libertad el amor es fuego

Como la existencia del ser humano

Que vive en piadosos tiempos

Donde las luces se apagan despacio

Y los días crecen por si solos

En un mundo inundado de amor

Y desesperación para los que no aman

Muchas palabras que son dichas

Cada día con menos corazón

Esperar los días es una pasión para muy pocos

Los días se agradecen las noches se viven

De frente a un mundo sin razón

Habita en los pasos del hombre

El deseo de ser parte de algo

De ser desde siempre la persona que

Siempre han sido, pero no pasa un día

Si tratar de solventar las dudas con miedo

Sin tratar de ganar y de maldecir

Cada uno de los pasos que se pasan

Como el sol que arde como escupiendo

A la cara se martillan los calendarios

Que están fabricados no de papel

Si no de sentencia que nos recuerda

Que estamos cerrados a una nueva mirada

Que no se la de perturbar la mente

Que si eres sincero se te tacha de loco

Y si eres loco tienes el control

Aun así, las personas se escapan

De esta fiesta que termino hace ya varios años

Ven las paredes solas y así están ellos por dentro

Pensando en melodías alcohólicas

En pocos derechos y en poca dignidad

Difundidos pues los retratos de la perfección

Porque yo no me conformo con la inmensidad

Mientras se recrean nuestras

Vidas pasan a ser cerradas por una puerta que

Solo abre desde dentro mientras pasan los años

Sin recordad la llave que eso solo una palabra

Gracias es suficiente pero

No basta pues aun que los hombres

No lo sepan solo en esa puerta

Esta la libertad sabios la buscaban

Y otros nacieron con ella personas

De gran fama lucharon por ella

No se lucha por un país se lucha por

La libertad de regresar a descansar

En donde realmente es tu hogar y no esta

Horrenda hora que pasa no sin antes haber pasado

Ya antes así mismo pueden ser

Los días mejores que los anteriores o peores que los

Que vendrán, pero ninguno de ellos

Será el último pues las gotas juntas

Hacen el mar y el corazón hace los caminos

Así será el día de la conciencia en amor

Y en abundancia así se vive por poco

Y se pierde la vida por nada

Cuando florecen los campos

35

Incluso el sol puede

Poner su amor sobre la tierra

Desde aquí la vista es increíble

Perfecta vista desde el atardecer

Que cubre de color y brillo

Todo lo que vive florece

Y cambia de aspecto durante

La noche las flores

Son hermosas bellas

Liberan su fragancia se escuchan

Mecerse como cuidadas por la luna

Colores y gotas de agua fría

Dentro de mí una brisa

Y se adormecen las lágrimas

Solo risa y goza más aun

Sin llanto pesando cada gramo

De amor que surge de la tierra

Pues ese amor es diferente

No se vende no se compra

Cuando tengas tiempo

Andaré por aquí para cuando

Tengas tiempo sé que eso

No es lo que diría un hombre

Pero soy más un testigo

De tu dulzura y belleza de tu

Talento de tus prisas de tu

Belleza de tus manos

Comienzo cuando recuerdo

Que fue lo que paso

Y nunca pasa nada cuando

Estoy contigo me tiemblan las piernas

Las manos y se me corta la voz

Nunca había sido tan feliz

Espero sentir todo lo que eres

Más aún si tienes tiempo

De venir un día que tengas tiempo

Y poner en mí tu mirada pues

Desde siempre pienso en ti

Y te amo sin duda no pienso

Todo el día en ti por que

Olvidaría todo lo que soy

Solo espero recuerdes todo lo que

Hace tu sombra al pasar por las paredes

Me recuerda a las horas de las

Campanadas me recuerda al

Tiempo de la fama

Que puede ser muy pasajera

Como esta travesía por tu amor

Incursiono sin saber nada

Quiero pensar en ti

Hola estoy en tu ventana

Pase temprano hoy para

Recibir una mirada tal vez una caricia

Y aun que se suponen el resto de los días

Prefiero pensar que no existe

Algo llamado distancia

Pues un día estarás de pie

En la estación ya sea

Para marcharte o para regresar a mi

Podría decirte algo

Estuve callando esta amistad

Esta alegría este momento

Que se congela en el tiempo

Y que desata todas las tempestades

Para decirte lo que eres

Un día fuiste más que el fuego

Dabas vida y muerte eras

El amor

Y la posición de la luna

En el estanque de mi soledad

No te he visto hace tanto

Sentir que no esta es tanto

Como negar las estrellas

Espero un día puedas venir

Y ver las estrellas a mi lado

Podríamos darnos tiempo

De contar nuestras historias

La mía comenzaría diciéndote

Espero no dejar nada para mañana

Pues el día de hoy quiero

Decirte gracias amiga por ser

La energía de este universo

Que contigo tendría tiempo

Un día estaré más solo que ayer

Y como siempre te iras

Tienes que caminar mucho hasta casa

Tu tendrás tiempo para

No pensar en mí

Yo tendré una vida para olvidarte

Para siempre

No basta estrechar tu mano

Y sentir culpa al ver todo

Terminar desaparecer como la noche

Se convierte en día no basta

Exagerar las estrellas vives en ellas

A veces no tengo tiempo

Pienso y escucho las aves

En su serenata matutina

Escapando de los lujos y de las palabras

Existo más que ayer sin dejar huella

No escapo de la vida escapo de ti

Del compromiso de no saber

Que hacer más allá

De las promesas juras

El destino crees en la suerte

Piensas en los días que viene

Como si fueran allegar tal vez

Lejos un día nos vendrán a buscar

Mejores tiempos, pero estaremos solos

Más valdría no haberte conocido

Todos juntos sentimos lo mismo

Dos corazones no son posibles

Solo uno, así como hoy

No es posible volver a estar contigo

En esos planes en esta vida

En este amor en la verdad

Aun que me encuentro tranquilo

Sin más distracción que las horas

Sin más lujos que mis lágrimas

El oro me daño la vista

Y quiero que sepas que nunca

Vi a alguien tan única como

Lo eres tu pienso

En ti y luego comienzo a sentir

Lo que nunca en la imaginación

Aunque la razón me dote de cultura

Tu existes como la palabra fugitiva

Que abandona toda lógica

Por eso sé que te amo

Lo que dice tu voz

Escribe en el aire lo que

Puedes llegar a ser y se

Todo lo que deseas

Vive entre fiestas alégrate

Cuando tengas miedo

Vive con tu corazón y la vida

Nunca te abandonara ama

Más que nunca por que

A eso viniste a esta vida

Se tormentas y se la verdad

Reluce como el infinito

Muestra tu sonrisa no temas

Que la vida no dura mucho

Serán pocas las cosas que no sepas

Pues parte de todo lo que somos

Es parte de lo que nos tocó ser

Y contigo este mundo no puede ser mejor

Divertido fácil y lleno de abundantes

Flores para ti y rosas para a quien ames

Ama y nunca perderás yo estaré

Dejándote pasar la vida

Como mejor sea y piensa siempre

En saber más pues esa es mi herencia

Tu luz

Encuentra la calma en un lugar

Que pasa por las niches

A visitas las tumbas

De los que nacieron más tarde

Otros días espera la luz de la tormenta

Vive en contra de la violencia

Se la vida y duerme con el tiempo

Disfruta los días que

Se mecen con locura y escucha

Las palabras que brotas como

Arboles cuelgan del cielo

En donde tu luz construye

Los muertos en donde habitaremos

Otros millones de años

Sin más que la pesada rutina

Que nos hunde entre deseos y el mar

Se transforma y se cansa

Aun así, tu luz de faros de puertos

Azules que distan de lejanía

Pues siempre duermo en tierra

Firme como firme es mi deseo

De que sepas que eres la persona

Que nació para dar luz a los años

Y que eres la palabra hecha vida

En la vida te saludo

Y en la paz seremos solo

Parte de lo que ya pensábamos

Una promesa rota

54

Nada tiene sentido desde ese día

Es una buena forma de madurar

Una forma muy dura de vivir

Desde entonces, pero me resigno

Cierran mis heridas los rayos del sol

Adormece mi lengua tu nombre

Que prefiero ni siquiera murmurar

Escape de la soledad solo para

Estar más solo entre la gente

Te busco aun lo hago

Nunca pensé tener el placer

De vivir y nunca pensé en que

Podría vivir sin ti

Este día es absurdo está lleno

De peores días señal de malos

Momentos y malas experiencias

Siendo que sea así que

Las distancias tengan en ti

Lo que nunca tendré contigo

Que seas más feliz entre

Motivos que nunca alcanzare

Espero realmente conocer

Cuál es tu nombre detrás

De esos labios cerrados

Que no alcanzan a decir

Algo mejor que lo que ya sabes

Aun así, sé que esa promesa

Fue solo eso y que

Nada fue real nunca

Así tendré que vivir pues

Desde entonces era lo que

Esperaba ahora ya por fin

Nunca más esperare nada

Estábamos mirando la luna

Noche desierta arropada

De vestidos oscuros que

Absorben los últimos rayos

Del sol hace frio y el viento

Parte mis labios pero

Un fuego viene cercano

Arde la madera mientras

Recuerdo lo que fue

Un buen día soñamos

Esperabais no despertar

Ahora estamos medio cansados

Mirando la luna sea así

La profecía de mirar cada

Momento pasar fugas

Otras personas llegan parece

Que estamos creciendo

Llegan y se van y tú sigues

Cerca luna no cambia la noche

Solo su brillo entero y así

Recuestas tus oídos al cielo

Para evitar perderte pues

Te nublan los halagos

Luna primera y última belleza

Gritan los gitanos a lo lejos

Un viejo humo que tarda

En irse como siempre

Sueño con estar en otro lugar

Mejor que sea más bondadoso

Ese sitio para ver las estrellas

Deseo ver el mar en su inicio

Quiero saber luna en donde

Inicia el mar y en donde termina

Tu belleza tal vez termine

En su rostro añil como el sol.

Ilumíname

Tengo poco que hacer hoy

El día cede y el cuerpo decrepito

Que no se mueve mas

Cuesta cada gota de sangre el respirar

Sangro por las manos

El clima cálido hace que el aroma llegue lejos

Lejos como mis lagrimas

Al final estará tu luz, contigo

Al final no estará mana en tus manos

Dale la bienvenida al final

Dale un abrazo a la vida

Besa la existencia

Y llora por tu última hora

Vive lo mas que puedas

Logra reír más que nadie

Así vivimos algunos, apartados

Tal vez un poco más sobrios, aunque algunos

Ahogan sus penas en el alcohol

Así vivimos algunos en la vida

En la verdadera vida

Nos conocemos y en la eternidad

Tu luz ilumina y trae

Esos recuerdos cálidos que acompañan esta vida

Esta vida melancólica, solitaria

A veces mejor otras veces peor

El equilibrio y la caída son parte del mismo plan

De la misma vida que nos une

Y nos ata como el olor de madera

De esta chimenea que aun

Grita por tus besos

Como cruje la madera late mi corazón

Pero el fuego se apaga lento

Así que ilumíname antes de que todo termine

Y así será el resto del mundo

Contemplando desde lo alto

En donde solo los hombres son hombres

En donde las mujeres solo son mujeres

En donde tu luz ilumina la igualdad

En donde se empatan las almas

En el final del camino amigo

Hoy estoy cansado para seguir.

Mi pasado, Mi presente y Mi futuro

Muchas lunas oscurecen con la noche

Pálidas como el desierto

Danzarin del viento sales a media noche

A cantar tu canción

A reír por el mundo

El día que llega es mejor que ayer y será mejor hoy

El día de mañana será lo mismo que hoy

Pero mejor que ayer

Tal vez solo puede ser que

Así sea, en los días que restan

Sumare las noches y contare los días

Ese será el resultado de todo lo que amo

De lo que agradezco

Nadie me advirtió que no se le puede gritar al sordo

Que no se le puede pedir indicaciones al mundo

Por eso estoy alegre por que ese es mi pasado

En mi presente una canción sigue sonando

Sea cual sea la situación te amare

Seas quien seas no te seguiré

Te dejare seguir tu camino

No es malestar el estar solo

Es malestar todo después de la soledad

Ese es mi presente, nadie me dijo

Que la vida costaría mas de lo que vives

Nadie me dijo que las noches no se pescan

Se viven, que las metas no se buscan

Nadie me dijo nunca que no corriera pues podría caer

Hoy he ácido y mucho aun duele

Me levanto y sigo y sé que caeré

Y seguiré cayendo hasta el vacío del vicio

Del amor pues esa es mi propuesta de vida

Ese es mi futuro.

La negación profunda

No existe tiempo para el amor

Pero el amor se acabó con el tiempo

Solo el amor que no es amor se termina

El amor que es amor no tiene tiempo para eso

Noche a noche se construye el mundo

En las mañanas cálido o frio

Seco o fresco existe el amor

Se da en la montaña, en el cielo,

Sea en la tierra, en el mar

Hoy me consuela el dolor

Perdí todo otra vez

Aposté contra la vida y perdí

Niego haber perdido, pero nadie le gana a la vida

Perdí su calor, su indiferencia, sus celos

Sus malos tratos, hasta su fealdad

Perdí algo importante y eso ya es algo

Que pasa muy seguido en el tiempo

No se cuando paso, un día todo termino

Seguiré amándola, aun la amo

No la puedo dejar, no me ama

No le importo, no soy dependiente

Estoy sano, feliz pero mi corazón la llama

Mi piel la pide, se parte en pedazos

Mi corazón cuando algo me la recuerda

Y quiero negar esta soledad, pero la verdad estoy solo

Pero por desgracia no estoy loco

No hablo con nadie, o será que nadie me escucha

O será que nadie me entiende

Será que el escribir sea lo que es

Y no lo que debe de ser, así sea pues

Pues lo niego, niego la verdadera razón

De no tener amor pues este mundo

Solo avanza con el amor

Así me levanto todos los días

Amándote anónima como amo a este mundo

Tal vez así le de la bienvenida a la muerte

Amando y que así sea pues eso no lo negare.

La costumbre

En este momento el tiempo no existe

Las noches se caen a pedazos

El viento no sopla, el viento canta

La costumbre de mirarte

Esa extraña costumbre de amarte

De extrañarte, de enamorarte

Y de perderte, esa costumbre de intentarlo

De no saber nada

De saber que no se nada esa costumbre

Me despierto cada día en tus brazos

Abrazo las nubes

Beso la tierra, rompiendo el suelo

Solo por la costumbre de tu nombre

De aquel aroma que sigue rondando la tierra

De aquella rosa mística que se perdió

Se perdió en el jardín de los recuerdos

Así sonámbulo de amor

Con una risa a gritos

Que pido, te extraño, te amo, te merezco

Te doy una vida para estar conmigo

Y tu solo tiene la costumbre de decir adiós

De abandonar el amor, de caminar a solas

Tienes la costumbre de no contestar

De callar todo, de destruir todo

Esa vieja costumbre que en el tiempo

Dura ya más de una vida

Mil veces ha pasado en este mundo

Que alguien tiene la costumbre de amar

Que alguien ama por costumbre

Y como de costumbre no estas a mi lado.

Celebración

75

Suspira tiempo y encierra el momento

Dame una opinión vida y dame un día mas

Elígeme destino y muéstrame el camino

Corazón guíame en esta travesía

Muchos hombres no despiertan

Muchos rostros están cansados

Otros más derrotados

Anímame mundo, anímame oh dicha

Calma viento no derrumbes mis sueños

Despierta hombre que la vida comienza

Celebra cada día

Empieza hoy, no termines de celebrar

Celebra la mediocridad, el amor, la amistad

Lo verdadero, lo extraño lo común

Consigue un momento para apartar tus ojos de la meta

Celebra en la ocasión de perdida, celebra en la locura

Celebra en la tristeza, como el llanto amargo

Eso se aleja, pero tu sigue celebrando

Celebra la lluvia, los trenes, la duda el desprecio

En esta vida danzan las hojas de los arboles

Algunas caen rendidas por el otoño

Otras mas crecen en el verano

Crece con la vida se la vida

Vive para dar mas

Dirígete más allá de las montañas, empaña los vidrios

Se la justicia y la realidad

Que el universo vendrá y celebrará,

Que el miedo y el dolor desaparecen

Si algo no puede hacer no lo hagas

Si no puedes celebrar

Alguien mas celebrara por ti pero

No olvides que en la amargura

La única cura real es celebrar.

Amar sin limites

No es error el arte o la belleza

Es un error la tristeza

No es error la duda o el amor

Es error el trabajo sin remuneración

El amor es la cosecha de miel y cenizas

De respiros fugaces y alguna estrella nocturna

Es el comienza de la vida

Es la imaginación pura de la dicha más oscura

Es la promesa de la muerte de la vida

Es la dualidad del que sabe y que ama

O del sabio que sigue al amor

O del amor que sigue el corazón

Es el corazón del loco que no sabe que hacer

Del extraño extrañado, de la pasión desbordada

Amar sin limites es la palabra perdida

El sueño robado, la angustia seguida

De un ayuno prologando

Y te despiertas por amor

Amar sin límites es complacerte

Ser complacido y seguirte complaciendo

Es ver la belleza desnuda

De pie, de cabeza de espaldas

El amar sin limites es llorar por todo

Es reír por todo

El amar sin limites no es algo fuera de este mundo

El amar sin límites son pasos que das

El aire que vas a respirar

El sol que tomas, la luna que te sonríe

La mujer del alma, y su alma de mujer

El amar de verdad es no ver la piel y mirar el corazón

El amor es la perdida de todo

El amor es amar sin limites solo así es amor.

Llegar a tu puerto

Presa del tiempo y de lugares extraños

Con poco que hacer y que decir

Sin nada que ofrecer

Me presento ante ti

Como una musa en primavera

Me ves y te das la vuelta

Me ignoras, pero no me alejas

Esta costa está lejos de casa

En todo momento me siento libre, ahora soy libre

Contigo quiero ver las nubes, oír el viento

Nadar en las aguas, llorar de amor

Pero tu puerto aun esta mas

Mas allá de donde descansa la vista

Reposo sobre mis ideas de hacerte mía

De mis pensamientos fanáticos

De tus labios que me resultan familiares

Que un día pude besar aun que sea en un sueño

Tan lucido como el olvido del tiempo

Aquí no existe el tiempo

Aquí no existe la angustia, aquí el amor es lo primero

Dentro de mi quiero decirte que te amo

No te entiendo, para entenderte tendría que ser tu

Espero que me entiendas solo puedo amarte

Al son del tiempo de la naturaleza

Con los retos que presentan las olas

Con el dolor de las tormentas

Con la angustia de naufragar siempre

Y de nunca ver el regreso pues

Voy por ti en esta vida y en las que falten

Que no me faltes tu y que me sobre la energía

Para algún día alcanzarte y nunca más dejarte.

Mi viaje por la vida

La música de las aves

El pensar de los ríos

La serenidad de las montañas

El enorme trayecto de las nubes

Todo en esta vida existe para disfrutarlo

A veces solo me contento con un recuerdo

Otras más sentado en silencio

Un día desperté

Desde que desperté no he sentido la noche

La calma pasa como los días

Pero solo son eso, son un viaje

Por mis venas, por mi realidad

Que florece en un campo fértil

Este mundo es oh ese campo fértil

Desmorono el pan y el trigo

Aplasto la nieve, voy corriendo

Despertando cada vez mas

Pero siempre regreso al mismo sitio

Se que no existe nada más mundano

Que vivir y se que no existe lugar adónde ir

Que hacer ni que pasara

Nunca pasa nada solo un viaje entre tus venas

Entre el aliento del nacimiento

Y la expectación de la muerte

De esta siento las campanas que me casan con la idea

De no ser mas de lo que soy ahora y de que

Nunca seré nada ni en mis sueños

Pero viajare más allá hasta vencerla

Y ese día viviré por siempre y viajare

Adonde no existen conceptos

Solo así me entenderán en la libertad propia del poeta

Que si no ríe es por que ya lo ha hecho.

¿Y Ahora qué?

¿Qué puedo hacer si ya no me amas?

No dependía de ti

Pero me gustaba verte después cada mañana

Junto a mi aun fatigada de tus pensamientos

Enojada y más aún confundida

No sabía que era real

No sabias lo que pasaba

Solo moríamos en el silencio

¿Ahora qué? Tu te fuiste y sellaste tu camino

Decidiste hacer caso a palabras

Mas que a sentimientos

De eso no vive la gente dice algunos

Pero tampoco de dolor

Y como duele verte partir y no tenerte

Desde luego en donde te encuentres de deseo lo mejor

No tengo nada que decirte que sea bueno

Todas son malas noticias

Todo va mal, desde que te fuiste

Las palabras no suenan, mis ojos no dejan de llorar

Mis fuerzas se van y vienen

Mi cama oh mi cama no puedo estar en ella

Sin pensar en ti

No dejan de molestar con cartas

Esas cartas de viejos días en los que

Pensabas más en lo material

Tu nombre impreso y mis ganas de verte

Cada día aumentan como la soledad

Ni la música suena la suficiente

Ni las aves cantas como lo hacían

Veo las cosas algo tristes

Será que soy tan triste tan solo

Y que no puedo vivir solo o contigo

Mis penas solo ellas

Viven hoy conmigo ¿Por qué sabes una cosa?

También preferí estar con ellas que a tu lado

Por eso te dejé marchar y aun que te rogué

Y casi pierdo la vida más de una vez

Se que algún día eso valdrá la pena

Se que no debo de llorar

Pero solo deja que termine esta vida y te prometo

Que dejare de hacerlo

¿Y después de eso que?